Von A bis Z

Wer kennt das ganze Alphabet?

Texte für Lesekönner
zu allen Buchstaben
des Alphabets

gesammelt von Horst Bartnitzky
und Hans-Dieter Bunk
illustriert von
Angela Paysan

Ernst Klett Verlag

A B C
H I J R
O P Q
U V W

D E G
F
L M N
R S T
X Y Z

ABC
ich steh schon auf und geh.

DEF
mal sehen, wen ich treff.

GHI
ein Hahn macht „kikriki"!

JKL
ein Kater putzt sein Fell.

MNO
den Hund dort beißt ein Floh.

PQR
ein Spatz fliegt hin und her.

STU
ein Uhu ruft „huhu"!

VWX
jetzt mach ich aber fix,

Y und Z
und lege mich ins Bett.

Alle Affen

angeln am Abend

bürsten brummende Bären

campieren im Cockpit

düsen durch das Dorf

entdecken erkältete Enten

fahren fabelhaft Fahrrad

genießen grünes Gemüse

haben heftigen Husten

impfen Igel

jaulen jetzt jämmerlich

können Kaugummi kauen

lieben lachende Lehrerinnen

machen mit Mäusen Musik

naschen nachts Nachtisch

orgeln: O Tannenbaum

packen prima Postpakete

quatschen quiekend Quatsch

rutschen Rutschbahnen runter

sind so süße Sänger

tragen tausend Tulpen

umarmen unglückliche Uhus

verstecken verzierte Vasen

wollen Wildschweine waschen

suchen das verflixte X

finden ein Ypsilon

zockeln zum Zirkuszoo zurück

Das leckere ABC

Apfelsinen **a**bschälen
Bananen **b**raten
Creme **s**ch**l**e**c**ken
Dampfnudeln **d**ämpfen
Erdbeeren **e**ssen
Fische **f**angen
Gummibären **g**enießen
Honig **h**olen
Ingwer – **i**gittigitt!
Joghurtbecher **j**onglieren
Kartoffelchips **k**nabbern
Linsensuppe **l**öffeln
Milch **m**elken

Nachtisch **n**aschen
Ostereier – **o** toll!
Pudding **p**robieren
Quark **q**uirlen
Rührei **r**ühren
Salat **s**ervieren
Tee **t**rinken
Ungarischen Gulasch
  umrühren
Vanillepudding **v**errühren
Weintrauben **w**aschen
Zitronen **z**uckern
  x-mal überlegen,
  was man mit **y** anfängt.

Das Morse-Alphabet

. = kurzer Ton
− = langer Ton

A .−	J .− − −	S ...
B −...	K −.−	T −
C −.−.	L .−..	U ..−
D −..	M − −	V ...−
E .	N −.	W .− −
F ..−.	O − − −	X −..−
G − −.	P .− −.	Y −.− −
H	Q − −.−	Z − −..
I ..	R .−.	

Man kann mit dem Morse-Alphabet klatschen, trommeln, mit der Taschenlampe blinken – und was noch?

Das Finger-Alphabet

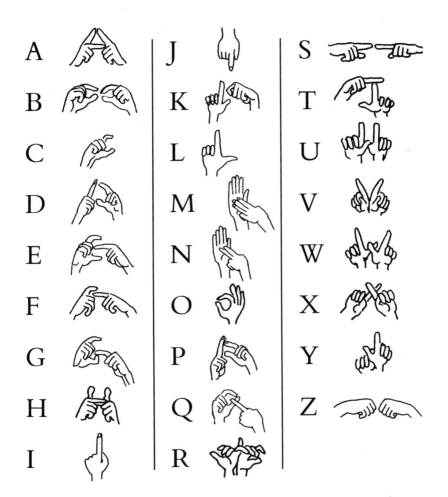

Abend 8 Ameisen aus Amerika treffen am

Wie viele Ameisen aus Amerika treffen sich am Abend?

Wer weiß die Antwort?

B

zum Schnellsprechen

Ich bin der Bri – Bra – Brezel – Bäcker,
bringe Brezeln, braun und lecker.

Ein Bugen, Bagen, Bogen Packpapier.
Zwei Bugen, Bagen, Bogen Packpapier.
Drei Bugen, …
Vier …

(immer weiter sprechen, bis du dich versprichst)

C

Cowboy-Morgen

Am Morgen steigt der
Cowboy aus seinem
Cowboy-Bett. Er steigt in seine
Cowboy-Hose. Dann streift er sein
Cowboy-Hemd über und schlüpft in seine
Cowboy-Stiefel. Er nimmt sein
Cowboy-Lasso, schwingt sich auf sein
Cowboy-Pferd, frühstückt im Sattel
    und geht an die
Cowboy-Arbeit.

*Ein Cowboy (sprich: Kaubeu) paßt
auf eine Rinderherde auf.
Cowboy ist ein englisches Wort
und heißt auf deutsch: Kuhjunge.*

D

Dotz, du dummer Dackel,
du dackelst dauernd
durch den dicken Dreck!
Denke doch daran,
daß deine Doris dich danach
dreimal duschen darf.

E

Ente
Erpel
Entenpaar
Entenfeier
Enteneier
Entenkinderschar

zum Schnellsprechen

Wenn Fliegen hinter Fliegen fliegen,
fliegen Fliegen Fliegen nach.

Fischers Fritz fischt frische Fische,
frische Fische fischt Fischers Fritz.

G

Gespenster – Gesetze

1. Gespenster grüßen grüne Geister.
2. Gespenster gaffen ganz geheimnisvoll.
3. Gespenster gehen gern gebückt.
4. Gespenster glotzen grimmig grunzend.
5. Gespenster geistern grauslich grölend.
6. Gespenster genießen gräßliches Grölen.
7. Gespenster graben grinsend Gräber.
8. Gespenster-Gerippe glänzen gelblich.
9. Gespenster geben grauenvolle Geräusche.
10. Gespenster gähnen gemeinsam.

Hannes Hampel
hampelt
hin,
hampelt
her,
hampelt
hin und her,
hampelt
hoch und runter.
Hannes Hampel
ist ein bunter
Hampel-
Hampel-
Hampelmann.

I *mit vielen langen ie*

Unsinn – ganz tierisch

*Unsinn machen heut die Tiere,
ob zwei Pfoten oder viere.
Alle tun es friedlich,
wenn auch unterschiedlich.*

Manches Zebra kommt kariert,
und ein Igel ist rasiert.

*Sieben Ziegen
üben fliegen.*

Am Klavier
spielt ein Stier
immer wieder
viele Lieder.

Dann spielt eine Biene,
summt mit lieber Miene
zierlich eine Melodie,
biegt sodann die Knie
und bekommt fürs Spiel
vierzig Eis am Stiel.

*Und das Wiesel
wirft mit Kiesel
auf ein Ziel,
trifft jedoch nicht viel.*

In den Wiesen
dann beschließen
um halb viere
alle Tiere:
nun ist Schluß!

J

Jens jongliert Johannisbeer-Joghurt.

Jutta jubelt.

Jonas jauchzt.

Platsch! Da liegt der Joghurt!

Jonas jault.

Jutta japst.

Jens jedoch jammert jämmerlich.

Katziges

Ritzeratze Katzentatze:
unsre Katz heißt Kritzekratze.
Kritzekratze heißt die Mieze,
und ihr Kind heißt Kratzekritze.
Kratzekritzes Vater
      heißt Kater.

*Alle drei schnurren sie,
murren sie,
fauchen sie,
brauchen sie
ihre Tatzen
auch zum Kratzen;
wie Katzen eben sind.
Doch bei dem Katzenkind,
der klitzekleinen Kratzekritze,
ist jede Kratzekrallenspitze
besonders spitzig,
besonders ritzig.*

*Wer schärft sie ihr so fein?
Die Miezekatze Kritzekratze?
Der Katzenvater Kater?
Nein.*

*Das macht die kleine Katzenmieze –
die Kratzekrallen-Kratzekritze –
allein.*

Ludwigs lustige Lieblingstiere

L

Leo der Lamalerchenlöwe

Lisa die Löwenlamalerche

Lottchen das Lerchenlöwenlama

*Übrigens kennt Ludwig
noch drei Verwandte von Leo, Lisa und Lottchen!*

M

Mi – Ma – Mausemaus,
komm aus dem Loch heraus.
Mi – Ma – Mausemaus,
komm in mein Katzenhaus!
Miau, miau, miau.

O nein, große Katze,
ich kenne deine Tatze:
Ich komme nicht zu dir,
ich bleibe lieber hier.

Oder die Maus sagt:
Ich komm heraus aus meinem Loch.
Große Katze, fang mich doch!

Das Nilpferd

Wenn ein Nilpferd traurig ist,
   weint es Nilpferdtränen.
Wenn ein Nilpferd müde ist,
   fängt es an zu gähnen.
Kommt ein braves Nilpferdkind,
   gute Nacht zu sagen,
schaut's dem Nilpferdopapa
   fast bis in den Magen.

OTTO hat es wirklich gut –
was ihm auch begegnet:
Hut und Mantel braucht er nicht,
wenn es draußen regnet.

Er nimmt eins von seinen **T**,
hält es über sich,
und das schützt vor Regen ihn,
wie vor Sonnenstich.

Wenn er nicht mehr laufen will,
denkt er an die Os,
baut sie sich als Räder an,
und schon rollt er los.

P

Das P-Suchrätsel

*Vieles ist im Bild versteckt,
was mit P beginnt.
Hast du schon ein Wort entdeckt?
Wer 15 hat, gewinnt!*

Q

Das Qu

Das Qu ist
der 17. Buchstabe
im Alphabet.
Es ist in jedem Buch
zu finden.
Es ist meistens schwarz.

Ein kleines Qu
ist ein qu.

Das Qu macht immer kw,
zum Beispiel
beim Quark und bei der Qualle,
bei quieken, quatschen, quillt.

Das Qu macht
aus atsch Quatsch.

Die Kuh

Die Kuh ist
ein Säugetier.
Sie ist auf jedem Bauernhof
zu finden. Sie ist braun
oder braun und weiß
oder schwarz und weiß gefleckt.

Eine kleine Kuh
ist ein Kalb.
Eine Kuh macht immer Muh,
zum Beispiel,
wenn sie Hunger hat,
wenn sie durstig ist,
wenn sie gemolken wird,
und manchmal nur so –
aus Quatsch.

R

*Wer mag **r**aten?*

*Wer mag **r**eimen?*

*(zu singen auf die Melodie:
Taler, Taler, du mußt wandern)*

Zu dem Vater paßt die Mutter,
auf das Brot streicht man die ...
Unser Hund frißt gerne W ...
Wer viel trinkt, hat sicher ...
Elefanten haben einen ...
Pudding ißt man aus der ...
Auf dem Rasen wächst das ...
und bei Regen wird man ...

Wäsche hängt man auf die …
und zum Laufen braucht man …
Reden muß man mit dem …
Wer nicht krank ist, ist …
Riechen muß man mit der …
Ostern kommt der …
Und im Winter fällt der …
Fällt man selbst, dann tut es …

Alle Vögel haben …
Kleider hängt man auf den …
Hüte trägt man auf dem …
und die Suppe kocht im …
Limonade gibt's in …
Wer voll Dreck ist, muß sich …
Wasser wäscht uns frisch und …
Wer sich nie wäscht, ist ein …

S

Sommer

Im **S**ommer, im **S**ommer
ist eine schöne Zeit.
Da freuen sich die jungen
und auch die alten Leut.

Dann ist der **S**ee voll **S**egelboote.
Wir **s**onnen uns im **S**and.
Wir rei**s**en und bekommen Ei**s**
und manchmal **S**onnenbrand.

Tiger Toms Tee-Party

Der Tiger lädt die Tiere ein
zu einer Tasse Tee:
den Tanzbärn und die Taube,
das Trampeltier, das Reh.

Und will da einer meckern:
„Das Reh hat doch kein T!"
Dem sagt der Tom: „Egal,
ich bin der Freund vom Reh!"

Uli und seine Us

U

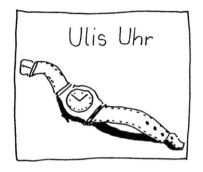
Ulis Uhr

Ulis Ufo

Ulis Urkunde

Ulis U-Boot

Ulis Uhu

Ulis Freundin Ulla

V *Eine Vorstellung*

Die beiden V machen nebeneinander einen Kopfstand.

… ein V macht wieder einen Kopfstand, und das zweite V stellt sich auf die Füße des ersten.

mit zwei V

Ein V betritt die Bühne von links und eins von rechts.

Dann fassen die beiden V sich an und …

W *zum Schnellsprechen*

Wir Wiener Waschweiber würden weiße Wäsche waschen, wenn wir wüßten, wo warmes Wasser wär.

Jux-Namen, bunt gemixt

Übrigens:
Wenn die Namen auch gejuxt sind,
die Städtenamen gibt es wirklich.
Im Postleitzahlenbuch gibt es noch
mehr als zehn Städte mit einem ‚x'.

Yvonne,
ich seh es schon,
das große Ypsilon.

Und weißt du,
was ich meine?
Ich sehe 363 kleine.

Zimbi, zamba, zambara,
Zirkus Zambarus ist da!
Schaut doch nur die wilden Reiter,
dort die Affen auf der Leiter,
August mit dem Riesenschwein
und ein Zwerg, wie du so klein!
Zimbi, zamba, zambara,
Zirkus Zambarus ist da!

Vom Papagei, der lesen sollte

*Es war einmal
ein Papagei.
Der sollte lesen lernen.
Sein Besitzer brachte ihm
alle Buchstaben bei.*

*Da konnte er
das ganze Alphabet
vorwärts und rückwärts
aufsagen.*

*Er erkannte auch
jeden Buchstaben.*

*Aber lesen –
lesen konnte er
immer noch nicht.*